DESCRIPTION ET USAGE

DU NOUVEL INSTRUMENT

URANO-GÉOGRAPHIQUE,

APPELÉ

PLANISPHÈRE UNIVERSEL.

DESCRIPTION ET USAGE

DU NOUVEL INSTRUMENT

URANO-GÉOGRAPHIQUE,

APPELÉ

PLANISPHÈRE UNIVERSEL,

PAR **J. M. P. A. BRICE**,

INGÉNIEUR-GÉOGRAPHE-ADJOINT DE LA DIRECTION GÉNÉRALE DES POSTES ROYALES DE FRANCE, CHEVALIER DE L'ORDRE ROYAL-HOSPITALIER-MILITAIRE DU SAINT SÉPULCRE DE JÉRUSALEM, etc.

> « Tout ce que l'œil fait parvenir à l'esprit s'y
> « imprime bien plus fortement que ce qui n'y arrive
> « que par le secours de l'orcille. »
>
> HORACE.

PARIS,

DE L'IMPRIMERIE DE MADAME VEUVE J.-L. SCHERFF,

PASSAGE DU CAIRE, N°. 54.

—

1822.

PRÉFACE.

La Géographie est encore très-peu cultivée, à cause du prix exorbitant des Sphères et des Globes de dimensions convenables pour l'étudier avec succès et y faire des progrès rapides.

Qu'il me soit permis de comparer un instant la Sphère armillaire et les Globes terrestre et céleste avec mon Planisphère universel, et que l'impartialité, toujours juste, proclame celui à qui est dû la supériorité.

1°. La dimension obligatoire d'un Globe est de 18 pouces de diamètre ; le petit Planisphère en a 22, le grand 30.

2°. Sur ce Globe, les parallèles à l'Equateur sont tracés ordinairement de 5 en 5 dégrés, quelquefois de 10 en 10 ; sur notre Planisphère, de dégré en dégré.

3°. Les almicantarath, qui *man-quent entièrement* sur le Globe, sont en partie tracés de dégré en dégré sur le Planisphère (1).

4°. Les azimuth, qui ne sont *nul-lement tracés* sur le Globe, le sont en partie ici de 15 en 15 dégrés (1).

5°. Les cercles de réfraction et crépusculaire, qui *ne se trouvent point* sur le Globe, sont gravés sur le Planisphère (1).

6°. L'imperfection des climats qui ne peuvent indiquer sur le Globe la durée du plus grand jour de l'année d'une position quelconque, qu'*à une demi-heure près*, est réparée ; nous indiquons *précisément*, non seulement le nombre d'*heures* et de *minutes* de la durée du plus grand

---

(1) Ils ne se rencontrent pas même sur les Globes exposés à la Bibliothèque du Roi, qui sont du diamètre de 12 pieds.

jour de l'année de cette position, mais aussi celle de celui de 1, 2, 3, 4, 5 et 6 mois avant et après ce solstice.

7°. Enfin, il faut trois Globes de 18 pouces de diamètre, y compris la Sphère armillaire, pour l'étude de la sphère, de la géographie, de l'astronomie, ou des sciences qui en dépendent, dont le prix total s'élève à 1200 francs, tandis que notre Planisphère universel, qui les remplace tous trois, ne coûte que 150 francs. (Le prix du grand est de 300 fr.)

Nous avons divisé ce petit Traité en deux livres. Dans le premier nous donnons la description des parties qui composent notre instrument. Dans le second nous en expliquons les usages. Les problêmes que nous avons choisis sont ceux qui nous ont paru les plus beaux, les plus utiles, et qui peuvent être entendus des personnes qui ont une passable connaissance de la Sphère; elle doit nécessairement précéder celle de notre Planisphère universel.

Quant à l'utilité de cet instrument, on peut le dire, je crois, avec raison, il est sans doute le plus accompli de tous les instrumens connus; ses principaux usages se rapportent à l'astronomie, à la géographie, à la navigation, qui par leur excellence et leur utilité tiennent le premier rang entre les sciences humaines; il peut, je le répète, servir de Sphère et de Globes, puisque les plus beaux usages de ces instrumens se font par le nôtre, et souvent même plus commodément, à cause qu'il est plus propre à être transporté et à se conserver entier dans les longs voyages de terre et de mer.

DESCRIPTION

DU

PLANISPHÈRE UNIVERSEL.

LIVRE PREMIER.

L'instrument, de forme octogone, est composé de trois parties distinctes; du pourtour que j'appelle le *bord*, ou le *limbe*; du *fond* et d'une autre partie dont celui-ci est presque revêtu, que je nomme la *ceinture crépusculaire*. De ces trois parties une seule est mobile; c'est le fond. Le diamètre de ce dernier est de 22 pouces, celui du bord de 24, celui de la machine entière de 28, et son épaisseur de 2 (1). C'est dans cette épaisseur que se trouvent placés les rouages de cuivre qui donnent le mouvement à l'instrument, composé d'ailleurs de bois, garni de maroquin, verni, colorié dans toutes ses parties et renfermé dans un étui.

Je ne parlerai point ici de ce qui est relatif

(1) Je dois ici prévenir le public que j'ai publié mon instrument sous deux grandeurs différentes; que celle que je viens de décrire est la dimension du petit Planisphère; que le diamètre du fond du grand est de 3o pouces, que celui de son bord est de 35, et que celui de la machine entière est de 42 pouces, ou 3 pieds 6 pouces.

(2)

à la construction de l'instrument. Il me suffira
de dire que la projection que j'ai suivie est l'or-
thographique; c'est-à-dire, que la sphère est vue
en convexe, l'œil placé à une distance infinie
du plan de projection, vis-à-vis la commune
section de l'Equateur et du 1er. Méridien. Il résulte de cette projection que l'on ne voit sur le
fond et la *ceinture crépusculaire* que la moitié
des cercles de la sphère, mais chacune sert pour
le cercle entier, attendu que dans cette manière
de la considérer, une moitié cache l'autre, et les
cercles se confondent.

DU BORD.

Le *bord*, qui représente le *grand Méridien*, con-
tient 6 cercles. Le premier, qui est le plus près du
fond, est divisé en 360°. Le deuxième offre la
cote des dégrés de 15°. en 15°. qui sert pour
compter l'*élévation du pole* (1). Le troisième
présente une autre cote numérotée en sens inverse, qui sert pour compter la *latitude septentrionale* et *méridionale* (1). Le quatrième donne la
division des *climats de demi-heure*, de 1 à 24,
et des *climats de mois*, de 1 à 6; c'est-à-dire, à
droite du spectateur, le nombre, et à gauche, le
nom des climats, pour l'hémisphère septentrional; mais à gauche le nombre, et à droite, le nom
des climats pour l'hémisphère méridional. Le
cinquième, divisé en quatre parties, indique les

____

(1) Sur le grand Planisphère, les dégrés sont cotés de 10
en 10.

(3)

quatre plages du monde, *septentrion*, *midi*, *orient*, *occident*. Enfin le sixième, divisé en deux parties, fait connaître l'*hémisphère supérieur*, l'*hémisphère inférieur*, le *Zénith* et le *Nadir*.

DU FOND.

Sur le *fond*, les *latitudes terrestres* ou *parallèles à l'Equateur*, les *déclinaisons droites*, depuis l'Equateur jusqu'aux cercles polaires, sont tracées de dégré en dégré, et depuis les cercles polaires jusqu'aux poles, de 5°. en 5°. — On y trouve la division du globe terrestre et célestre en *hémisphères*. — Dans chacune des *zones* se trouve le nom des divers habitans de la terre, par rapport aux ombres. — Les *Méridiens*, les *longitudes terrestres*, les *cercles horaires*, les *ascensions droites* sont tracés à partir de l'Equateur, de 30°. en 30°. jusqu'aux poles; de 15°. en .15°. jusqu'aux cercles polaires; de 5°. en 5°. jusqu'aux tropiques (1). Ils sont cotés sur l'Equateur de 15°. en 15°. — Les *chiffres romains* placés au-dessus du tropique de ♋, de distance en distance, servent à marquer sur les cercles horaires les *heures d'avant midi*, et les *chiffres arabes* placés au-dessous du tropique du ♑, les *heures d'après midi*. — Les *latitudes célestes* ou *parallèles à l'Ecliptique* sont tracées de part et d'autre de l'Ecliptique à l'extrémité de la largeur du Zodiaque, de dégré en dégré, et depuis cette extré-

---

(1) Sur le grand Planisphère, ils le sont tous de 5°. en 5°, jusqu'aux cercles polaires, et de 15°. en 15°, jusqu'aux poles.

(4)

mité jusqu'aux poles, de 5°. en 5°. — Les *longi-tudes célestes* sont tracées de 30°. en 30°; c'est-à-dire, de signe en signe, et sont cotées de 10°. en 10°. sur l'Ecliptique, qui est aussi divisée de mois en mois (1). — L'Equateur et l'Ecliptique sont divisés de dégré en dégré.

Les *lignes des jours*, tirées du centre de l'instrument au cercle polaire arctique, sont tracées de mois en mois, et sont au nombre de 7. Elles sont cotées de 1 à 5 (2).

DE LA CEINTURE CRÉPUSCULAIRE.

La *ceinture crépusculaire*, large de 18°., présente les *almicantarath* ou *cercles de hauteur parallèles à l'horizon*, tracés de dégré en dégré de l'horizon au cercle crépusculaire, dans l'hémisphère inférieur, et les *azimuth* ou *cercles verticaux à l'horizon*, tracés de 15°. en 15°. (3) — A 32'. au-dessous de l'horizon, le *cercle de réfraction*. — A 18°. au-dessous de l'horizon, le *cercle crépusculaire*. — L'horizon est divisé en rumbs ou aires de vents, au nombre de 32, dont le nom est indiqué par ses lettres initiales. Ainsi S. 1/4 S. O. veut dire sud-un-quart-sud-ouest (4).

---

(1) Sur le grand Planisphère, elle l'est de jour en jour, mais sans cote, pour éviter la confusion.

(2) Sur le grand Planisphère, elles sont au nombre de 13, c'est-à-dire, tracées de demi-mois en demi-mois, ou de 15 jours en 15 jours.

(3) Sur le grand Planisphère, de 5°. en 5°.

(4) Sur le grand Planisphère, il est aussi divisé de dégré en dégré.

USAGE

DU

PLANISPHÈRE UNIVERSEL.

LIVRE SECOND.

PROBLÊME I.

Trouver, pour un jour quelconque donné, le signe et le dégré où est ☉ dans le Zodiaque.

EXEMPLE. On demande en quel signe et dégré du Zodiaque est ☉, le 24 avril. Cherchez sur l'Ecliptique le commencement du mois proposé, observez-en le dégré, qui est ici 11, ajoutez à ce nombre celui du jour, qui est 24, vous aurez 35; de cette somme ôtez 30°. pour ♈, le reste 5 indique le 5°. du ♉, pour le lieu du ☉ en ce jour.

Si la somme, après l'addition faite, ne s'élevait pas à 30, il n'y aurait pas de soustraction à faire, et le nombre provenu serait celui des dégrés; le signe étant connu par le commencement du mois. **EXEMPLE.** On demande en quel signe et en quel dégré du Zodiaque se trouve ☉ le 4 mai. Je cherche le commencement de mai sur l'Ecliptique, j'observe le dégré 10 et le signe du ♉, j'ajoute à ce nombre celui du jour 4, j'ai 14; je conclus que le 4 mai ☉ est au 14ᵉ. dégré du ♑.

N. B. Sans erreur sensible, je me sers ici de la division de 360°. pour celle des jours de 366; d'où il résulte que chaque division sur l'Ecliptique représente 1°. ou 1 jour (1).

PROBLÊME II.

Trouver la déclinaison du ☉, connaissant le signe et le dégré qu'il occupe au Zodiaque.

EXEMPLE. On demande la déclinaison du ☉, quand il est au 18ᵉ. dégré du ♑. Cherchez le 18ᵉ. dégré du ♑ sur l'Ecliptique, vous verrez que le 7ᵉ. parallèle septentrional à l'Equateur le coupe précisément; d'où vous conclûrez que la déclinaison du ☉ est alors septentrionale et de 7°.

PROBLÊME III.

Trouver le signe et le dégré que ☉ occupe au Zodiaque, connaissant sa déclinaison.

Nota. Cette proposition est la converse de la précédente; mais il faut connaître, outre la déclinaison du ☉, la saison dans laquelle on est.

Les signes du printemps sont ♈, ♉, ♊,
—   de l'été.......... ♋, ♌, ♍,
—   de l'automne..... ♎, ♏, ♐,
—   de l'hiver........ ♑, ♒, ♓.

______

(1) Au moyen du grand Planisphère, la solution de ce problême est beaucoup plus simple; il suffit de regarder sur l'Ecliptique à quel signe et dégré correspond le jour donné.

Exemple. On demande le signe et le dégré du ☉ au Zodiaque, sa déclinaison étant septentrionale et de 7°. la saison est celle de l'été. Remarquez l'endroit où l'Ecliptique se trouve coupée par le 7ᵉ. parallèle septentrional, et vous connaîtrez le signe et le dégré, qui sont ici le 12ᵉ. dégré de ♍. — Si la saison eût été celle du printemps, le signe et le dégré se fussent trouvés alors le 18ᵉ. dégré du ♉.

PROBLÊME IV.

Disposer le Planisphère universel pour une latitude donnée.

Exemple. On demande de disposer l'instrument pour la latitude septentrionale de 48°. 5o'. qui est celle de Paris. Faites tourner le fond du Planisphère universel, au moyen de la clavicule qui est à main droite, jusqu'à ce que le pôle arctique soit élevé sur l'horizon de 48°. 5o'. au-dessus de la partie qui est marquée *nord*. Le Planisphère est alors monté pour Paris.

S'il s'agissait d'une ville dont la latitude fût méridionale, il faudrait élever le pole du même nom au-dessus de cette partie, qui est marquée *sud.*

Cela posé, on entendra aisément comment il faut monter le Planisphère par rapport à l'horizon, afin que la sphère soit droite, oblique ou parallèle.

PROBLÊME V.

*Trouver l'heure du lever et celle du coucher du
☉, l'arc diurne et la quantité du jour artificiel,
connaissant la latitude, le dégré et le signe du
lieu du ☉ au Zodiaque, ou sa déclinaison.*

EXEMPLE. On demande l'heure à laquelle se
lève et se couche ☉, à la latitude septentrionale de 49°. 3o', sa déclinaison australe étant
de 16°. 3o'. Disposez l'instrument pour 49°. 3o';
observez le point où le parallèle austral de 16°.
3o'. coupe l'horizon ; le cercle horaire, qui passe
par ce point, ou cette commune section, indique
l'heure à laquelle ☉ se lève et celle à laquelle il se
couche : c'est ici 7 h. 20 m. du matin et 4 h.
40 m. du soir.

Autre EXEMPLE. On demande à quelle heure
se lève et se couche ☉ à la latitude boréale
de 53°, sa déclinaison étant de 22°. nord. A 3 h.
52 m. du matin et à 8 h. 8 m. du soir.

PREMIÈRE REMARQUE.

Ainsi on trouvera facilement les arcs diurne et
nocturne : en doublant le coucher du ☉, on a
l'arc diurne ; en doublant le lever du ☉, on a
l'arc nocturne.

DEUXIÈME REMARQUE.

De même on connaîtra le jour le plus long
de l'année, pour une latitude quelconque, en

prenant le coucher du ☉, lorsqu'il est en ♋, puis le doublant, et par conséquent on connaîtra la nuit la plus courte.

TROISIÈME REMARQUE.

On peut aussi savoir facilement dans quel climat on est ; connaissant le plus long jour et réduisant en demi-heures l'excès sur 12 heures, on aura le nombre du climat proposé.

QUATRIÈME REMARQUE.

On peut encore trouver l'heure du lever du ☉ à l'italienne. Les Italiens comptent 24 heures de suite et commencent le jour au ☉ couchant.

CINQUIÈME REMARQUE.

On peut connaître aussi l'heure du coucher du ☉ à la babylonienne. Le peuple de ce pays commençait son jour au ☉ levant.

PROBLÊME VI.

Trouver la largeur de chaque climat de demi-heure, son commencement et sa fin.

N. B. Nous nous servirons ici des demi-arcs diurnes, et la largeur du climat que nous obtiendrons sera d'une demi-heure ; l'arc total diurne est à un climat entier d'une demi-heure, comme le demi-arc diurne est à la moitié d'un climat ou un quart d'heure.

Exemple. Marquez sur le tropique de ♋ 6 h. 15 m. du soir, et faites tourner le fond jusqu'à ce que le point vienne à toucher l'horizon, qui indiquera sur le bord 8°. 3o'. qui font connaître la largeur du 1er. climat, sa fin et le commencement du 2e.

Marquons sur ce même tropique 6 h. 3o m. Faisons tourner le fond de l'instrument jusqu'à ce que ce point rencontre l'horizon qui indiquera sur le bord 16°. 40'. pour la fin du 2e. climat et le commencement du 3e. De ce nombre 16°. 40'. ôtez la largeur du 1er. climat 8°. 3o'. reste 8°. 10'. pour celle du 2e.

Marquez 6 h. 45 m. sur le tropique de 69, amenez ce point à l'horizon qui indiquera sur le bord 24°. 10'. qui est la fin du 3e. climat et le commencement du 4e. De ce nombre, ôtez la largeur des deux autres climats 16°. 40'. restera celle du 3e., qui est 7°. 20'.

On opérera de même pour tous les autres climats qui restent.

PREMIÈRE REMARQUE.

Connaissant le climat dans lequel on est, on connaît aussi son plus long jour de l'année. Le nombre d'un climat est composé d'autant de demi-heures que son plus long jour excède 12 heures, qui forment le jour égal de ceux qui habitent sous l'Equateur et qui l'ont à leur zénith.

DEUXIÈME REMARQUE.

Au problême 38, nous donnons une solution beaucoup plus simple que celle-ci.

PROBLÊME VII.

*Trouver la fin, le commencement et la largeur
des climats de mois.*

EXEMPLE. Remarquez où se trouve coupé le
bord par le parallèle du 15ᵉ. dégré du ♈ ou de
♏, vous verrez que c'est à 5°. 5o' ; c'est la largeur et la fin du 6ᵉ. climat, ainsi que le commencement du 5ᵉ.

Observez de même le parallèle du 1ᵉʳ. dégré
du ♉ ou de ♏, vous verrez qu'il coupe le bord
à 11°. 25' ; c'est la fin du 5ᵉ. climat et le commencement du 4ᵉ. Otez de ce nombre 5°. 5o',
largeur du 6ᵉ, restera celle du 5ᵉ, 5°. 35'.

Opérez de même pour les autres climats.

PREMIÈRE REMARQUE.

Si le nombre de jours que ☉ se montre sur
l'horizon est connu, le climat le sera aussi : et
alternativement si l'on sait en quel climat on
est, la durée du plus long jour le sera également.

DEUXIÈME REMARQUE.

Au problême 38, nous donnons une solution
beaucoup plus simple que celle-ci.

PROBLÊME VIII.

*Trouver les amplitudes orientales et occiden-
tales* (1) *pour une latitude proposée, connaissant
la déclinaison du* ☉.

EXEMPLE. On demande l'amplitude orientale
du ☉, à la latitude septentrionale de 49°. 3o′;
sa déclinaison étant boréale et de 16°. Disposez
le Planisphère pour la latitude donnée. Remarquez le point où l'horizon se trouve coupé par
le 16e. parallèle de déclinaison nord ; prenez-en
la distance au centre de l'instrument avec un
compas ordinaire, et reportez-la du centre sur
l'Equateur (2) ; elle le coupera à 25°. du côté
du nord ; c'est-à-dire, que ☉ se levera à 25°. de
l'est au nord, et partant l'amplitude est septentrionale. Le même point est aussi l'amplitude
occidentale septentrionale.

    Autre EXEMPLE. On demande l'amplitude

---

(1) On les nommait autrefois *amplitudes ortives* et *occasives*.
On disait aussi anciennement, au lieu d'*amplitude orientale*,
plage de la quarte du nord-est, ou *sud-est* pour le levant ; et
nord-ouest, ou *sud-ouest* pour le couchant. Ou bien encore,
quarte orientale septentrionale ; *quarte orientale méridionale* ;
quarte occidentale septentrionale ; *quarte occidentale méridionale.* On a même été jusqu'à dire *latitude orientale et occidentale.*

(2) Si l'on se sert du grand Planisphère, on n'a besoin ni
de compas, ni de reporter sur l'Equateur ; l'horizon étant
divisé en dégrés. Cette observation est faite une fois pour
toutes.

orientale et occidentale, à la latitude boréale de 43°, ☉ ayant 14°. de déclinaison méridionale. Disposez le Planisphère pour la latitude donnée. Observez le point où l'horizon est coupé par le 14e. parallèle de déclinaison sud ; prenez-en la distance au centre de l'instrument, reportez-la avec un compas sur l'Equateur ; elle est de 19°. 20'. de l'est au sud ; c'est-à-dire, que ☉ se lève à 19°. 20'. de l'est vers le sud. Cette amplitude s'appelle orientale méridionale, et au même point de l'horizon se voit l'amplitude occidentale, de 19°. 20'. de l'ouest au sud ; c'est celui du coucher du ☉.

PREMIÈME REMARQUE.

Les pilotes trouveront ici un grand avantage pour avoir les vrais lieux de l'horizon, où se lève et couche ☉ ; c'est ce qu'ils nomment amplitudes du monde, afin de les conférer avec les amplitudes de l'aimant ou de la boussole, pour en connaître la variation.

DEUXIÈME REMARQUE.

Puisqu'ils ont ici la méthode de trouver les amplitudes de quelque point de l'Ecliptique, dont la déclinaison est donnée, ils peuvent épargner, par ce problême, la construction d'une table d'amplitudes, selon les diverses déclinaisons et les diverses latitudes. Au moyen de notre instrument, la chose est soumise à l'œil.

TROISIÈME REMARQUE.

Le point le plus difficile en géographie, c'est la connaissance des longitudes du monde. Aucune des méthodes usitées n'est comparable pour l'utilité à la connaissance de la variation de l'aiguille aimantée, qui se voit promptément et aisément par les amplitudes.

PREMIÈRE OBSERVATION.

Il faut noter que l'amplitude, pour une latitude et une déclinaison données, est la même à l'égard des habitans qui sont *antoéciens* de cette latitude. En un même jour leurs amplitudes se font au même point de l'horizon. Dans notre exemple de 43°. de latitude septentrionale et de 14°. de déclinaison australe, l'amplitude de l'est au sud est de 19°. 20′. Si on monte l'instrument pour 43°. de latitude méridionale, le 14ᵉ. parallèle sud coupera l'horizon au même point 19°. 20′. de l'est au sud.

DEUXIÈME OBSERVATION.

Attendu que la connaissance de l'amplitude est très-nécessaire aux gens de marine, il serait bon, pour travailler plus exactement, de faire un quart de planisphère seulement beaucoup plus grand.

PROBLÊME IX.

Trouver l'heure du crépuscule du matin et du soir (1), connaissant la latitude terrestre et la déclinaison du ☉.

EXEMPLE. On demande l'heure du point du jour et de la vêpre, à la latitude septentrionale de 49°. 3o', la déclinaison australe et de 16°. 3o'. Disposez l'instrument pour la latitude donnée. Remarquez le point où le parallèle austral de 16°. 3o'. coupe le cercle crépusculaire ; à leur section se trouve 6 h. 35 m. du soir pour l'heure de la vêpre. Le point diamétralement opposé sur le parallèle boréal de 16°. 3o'. indique 5 h. 25 m. du matin, pour l'heure du point du jour.

N. B. Pour obtenir le *point* que j'appelle ici *diamétralement opposé*, il suffit de prendre avec un compas ordinaire sur le parallèle donné la distance du point déjà trouvé au cercle méridien de 6 h. et de la reporter du côté opposé.

PREMIÈRE REMARQUE.

Pour connaître la durée du crépuscule, il faut prendre le lever du ☉ et en soustraire l'heure du point du jour. La différence est la durée du crépuscule du matin. La différence entre le cou-

---

(1) On nomme encore le *crépuscule du matin*, le *point du jour*, l'*aube du jour*, la *pointe du jour*, l'*aurore* et le *crépuscule du soir*, le *point du jour failli*, la *vêpre*, après lequel commence la *nuit close*.

cher du ☉ et la vêpre donne la durée du crépuscule du soir.

EXEMPLE. Nous avons trouvé (problême 5) que
☉ se lève à 7 h. 20 m., que le point du jour se fait
à 5 h. 25 m. ; la différence est de 1 h. 55 m. pour
la durée du crépuscule du matin. Mais pour le soir
le coucher du ☉ se fait à 4 h. 40 m. : la vêpre à
6 h. 35 m. ; la différence est la même de 1 h. 55 m.
pour la durée du crépuscule du soir.

DEUXIÈME REMARQUE.

En travaillant, pour diverses saisons, à chercher les durées des crépuscules, on trouvera
celles de l'été plus longues que celles de l'hiver ;
parce que l'horizon coupe plus grand segment
de ♋ que du ♑ ; d'autant que les méridiens
horaires sont plus serrés en cet endroit là, c'est
la cause de ces inégalités.

TROISIÈME REMARQUE.

Pour savoir quelle est la latitude de ceux dont
les crépuscules se touchent, c'est-à-dire, dont
celui du soir finit à minuit et au même instant
où celui du matin commence, faites tourner le
fond jusqu'à ce que le cercle crépusculaire soit
coupé par la section de ♋ et du cercle horaire
de minuit ; le pôle arctique de l'axe du monde
indiquera alors sur le bord cette latitude 48°. 30ᵣ.

QUATRIÈME REMARQUE.

Il suit de ce que nous venons de dire, que ceux
qui ont une latitude plus grande que 48°. 30ᵣ.

sont quelque temps, aux plus longs jours, sans nuit ; ce temps est plus ou moins long, en raison que la latitude est plus ou moins grande.

PROBLÊME X.

Trouver la latitude d'un lieu, connaissant la déclinaison du ☉ et l'heure de son lever.

EXEMPLE. La déclinaison du ☉ est de 18°. nord ; l'heure de son lever 4 h. 20 m. ; on demande la latitude de ceux qui ont fait cette observation. Sur le 18e. parallèle nord, marquez 4 h. 20 m. du matin ; tournez le fond jusqu'à ce que ce point vienne toucher l'horizon ; l'axe du monde indiquera par le pole sur le bord la latitude requise 52°. 30'.

On peut aussi résoudre ce problême par l'heure et la minute du coucher du ☉.

PROBLÊME XI.

Trouver la latitude, connaissant la déclinaison du ☉ et l'amplitude orientale.

EXEMPLE. La déclinaison du ☉ est de 16°. nord, l'amplitude orientale de 24°. de l'est au nord ; on demande la latitude de l'observateur. Marquez sur l'horizon l'amplitude orientale 24°. de l'est au nord, faites tourner le fond, jusqu'à ce que le 16e. parallèle de déclinaison nord coupe l'horizon à ce point, alors l'axe du monde indiquera par le pole sur le bord la latitude requise 47°. latitude nord.

On peut résoudre de même ce problême par l'amplitude occidentale.

REMARQUE.

Par ces deux problêmes (X et XI) les pilotes ont le moyen de trouver leurs latitudes, soit par la connaissance de l'heure du lever et du coucher du ☉, laquelle se trouve la nuit par les étoiles ou autrement, soit par les amplitudes orientale et occidentale, qui se trouvent par le compas, dont tout pilote soigneux et qui veut pointer justement, doit avoir corrigé la variation.

PROBLÊME XII.

Trouver l'heure qu'il est, pour une latitude donnée, connaissant la déclinaison et la hauteur horizontale du ☉.

EXEMPLE. On demande l'heure qu'il est, à la latitude septentrionale de 49°. 30', la déclinaison étant septentrionale et de 15°, ☉ élevé sur l'horizon de 38°. Disposez l'instrument pour la latitude donnée, 49°. 30'. nord. Prenez avec un compas, sur l'Equateur, à partir du centre, la hauteur horizontale 38°; placez une des branches du compas ainsi ouvert sur la déclinaison donnée 15°. nord, à la commune section de ce parallèle et du cercle horaire de 6 h.; l'autre branche coupera l'horizon en un point, en le touchant perpendiculairement; observez quel est le cercle horaire qui passe par ce point, il indiquera l'heure demandée, qui est ici 8 h. 45 m. du matin , si c'est avant midi , et 3 h. 15 m. du soir, si c'est après midi.

Autre Exemple. On demande quelle heure il est , à 43°. de latitude nord, 12°. de déclinaison sud , ☼ élevé de 27°. sur l'horizon. Disposez l'instrument pour la latitude donnée 43°. nord. Prenez avec un compas sur l'Equateur, à partir du centre, la hauteur horizontale 27°; placez une des branches du compas ainsi ouvert sur la déclinaison donnée 12°. sud, à la commune section de ce parallèle et du cercle horaire de 6 h.; l'autre branche coupera l'horizon en un point : observez quel est le cercle horaire qui y passe, il indique 6 h. 48 m. du matin, ou 5 h. 12 m. du soir. Car au temps qui est également éloigné de midi, l'élévation du ☼ est la même.

PREMIÈRE REMARQUE.

Cet instrument nous fournit un moyen facile et juste de mesurer le temps; il peut donc être placé au nombre des cadrans ou horloges universels.

DEUXIÈME REMARQUE.

Cet instrument est très-utile aux navigateurs, qui, changeant continuellement de latitude, ont toujours besoin de savoir l'heure qu'il est.

TROISIÈME REMARQUE.

Il peut servir de base pour construire toute autre sorte de cadrans solaires, parmi lesquels sont spécialement les analêmes, à cause des ombres gnomoniques.

QUATRIÈME REMARQUE.

On peut trouver par ce moyen les heures à la
manière d'Italie ou de Babylone. L'heure du lever
et du coucher du ☉ étant connue, on compte,
à partir de cette donnée, jusqu'à l'heure française
ou astronomique.

CINQUIÈME REMARQUE.

De même on connaît les heures à la manière
des Juifs, que l'on appelle heures temporelles,
planetaires ou inégales, puisque les arcs diurnes
et nocturnes sont connus, et l'heure égale et cou-
rante ou astronomique.

PROBLÊME XIII.

Trouver la plage ou l'azimuth du ☉, pour una
latitude donnée, connaissant la déclinaison du
☉, ou le lieu qu'il occupe au Zodiaque, et sa
hauteur horizontale.

EXEMPLE. On demande l'azimuth du ☉, c'est-
à-dire, l'arc de l'horizon compris entre le méridien et l'azimuth passant par le centre du ☉, à
la latitude septentrionale de 49°. 30′, la déclinaison du ☉ étant septentrionale et de 13°, et sa
hauteur horizontale de 40°. Opérez comme au
problême précédent, c'est-à-dire, disposez l'instrument pour la latitude donnée 49°. 30′. nord.
Prenez avec un compas, sur l'Equateur, à partir
du centre, la hauteur horizontale 40°; placez une
des branches du compas ainsi ouvert sur la décli-

naison donnée 13°. nord ; faites-la aller et venir jusqu'à ce que l'autre branche touche seulement l'horizon , et celle qui est sur le parallèle de la déclinaison indiquera alors 9 h. 12 m. C'est le temps que nous ne cherchons pas , mais qui se trouve ici par cas fortuit.

Nous aurions besoin actuellement d'un compas à trois pointes, mais ne l'ayant pas, il faut se servir de deux compas en cette manière. Laissez l'instrument dans la disposition où il est , et posez un des pieds d'un compas au centre de l'horizon (ou ailleurs , il n'importe) et l'autre pied sur le point de l'heure trouvée ; faites de même avec l'autre compas, posant un de ses pieds au sud (ou ailleurs), et faites venir son autre pied sur le point de l'heure. Alors amenez l'Equateur à l'horizon , pour qu'ils se confondent , c'est-à-dire, disposez l'instrument pour la position de la sphère parallèle, mais sans lever ni remuer les pieds des compas qui sont posés sur l'horizon , et faites joindre les deux autres pointes, en décrivant un arc de cercle ; elles indiqueront , entre les méridiens pris pour azimuth , celui du ☉.

Comme tous les méridiens ne sont pas tracés , *il faut opérer* ainsi présentement. Prenez le demi 40ᵉ. parallèle et transportez-le à l'ouverture de 180°. de la ligne des cordes du compas de proportion. Prenez ensuite le segment du 40ᵉ. parallèle entre le point trouvé et l'axe du monde , et avec cette ouverture de compas, cherchez sur les rayons circulaires ou dégrés deux nombres égaux qui puissent s'y accorder ; vous trouverez dans notre exemple que ce sont 63°. 5o'. dont il faut prendre la moitié, qui est 31°. 55'. azimuth à compter de l'est vers le midi ; son complément est 58°. 5'. azimuth à compter de midi ou du méridien ; ainsi ☉ sera lors de l'observation à 58°. 5'. azimuth de la quarte du sud-est, qui est la plage requise.

On peut se servir de *l'échelle du Sinus verse,* ce qui est plus facile et prompt que le compas de proportion. Il faut poser 90°. sur le point de l'heure où les pointes des compas se sont rencontrées, et 0°. sur l'Equateur ; la *section de* ladite échelle et de l'axe du monde indique 58°. 5', qui est l'azimuth requis du ☉.

PREMIÈRE REMARQUE.

Parmi plusieurs autres instrumens, construits exprès pour cela, celui-ci offre un moyen facile et juste de trouver en tout temps donné lés azimuth du ☉, ce qui est d'un usage singulier aux pilotes qui cherchent les variations de la boussole. C'est un des bons moyens pour y parvenir justement.

DEUXIÈME REMARQUE.

Par ce problême, nous avons un moyen aisé et facile pour trouver les parties du monde, chose fort utile aux architectes pour la position des édifices et des monumens publics, dont les fondemens doivent être placés selon quelque partie du monde.

TROISIÈME REMARQUE.

Au défaut même d'une boussole pour lever les plans des villes, on peut trouver la position, ou la situation de chaque pan de muraille, pourvu que ☉ se montre, en prenant l'angle que fait la muraille avec l'ombre du ☉.

QUATRIÈME REMARQUE.

Si un pilote avait perdu sa boussole, si un pirate l'avait pris et lui avait ôté ses instrumens nautiques, il pourrait dresser la route du navire par cet instrument, de jour ☉ se montrant, et de nuit par la vue des étoiles, spécialement de celles du nord.

CINQUIÈME REMARQUE.

Au moyen de ce problême, on trouve les azimuth de la lune, quand on connaît en quel signe elle est, et son élévation horizontale. Par conséquent on saura plus justement le temps de la pleine mer, connaissant la situation du hâvre.

SIXIÈME REMARQUE.

On peut encore connaître le dégré de l'azimuth requis, en plaçant sur le point de l'heure trouvée le point 0°. du *rayon* et 90°. sur l'Equateur. Remarquez le nombre qui se trouve à la section du rayon et de l'axe du monde, qui est ici 31°. 55′. Placez ce nombre au point 0°. sur l'Equateur, l'extrémité 0°. du rayon indiquera encore 31°. 55′.

PROBLÊME XIV.

Trouver l'heure et la latitude, connaissant la déclinaison, la hauteur horizontale du ☉ et son azimuth.

EXEMPLE. On demande l'heure et la latitude du lieu où l'on est, la déclinaison du ☉ étant de 17°. nord, sa hauteur horizontale de 35°. et son azimuth de 70°. de la quarte du sud-est. Prenez le demi 35e. parallèle, parce que c'est la hauteur horizontale du ☉, et transportez-le à l'ouverture de 180°. de la ligne des cordes du compas de proportion. Prenez alors l'ouverture de 40°, qui est le double de 20°. complément de 70°. azimuth du ☉, et coupez un segment de ce 35e. parallèle à partir de l'axe du monde; remarquez bien le point d'intersection : amenez l'Equateur à l'horizon, et posez un pied d'un compas au centre, l'autre pied sur le susdit point; puis posez un pied de l'autre compas sur le sud et l'autre pied sur le même point. Maintenant, sans lever les pieds des deux compas posés sur l'horizon, faites tourner le fond de l'instrument jusqu'à ce que les deux autres pieds se joignent et se trouvent réunis sur le parallèle de la déclinaison donnée 17°. nord. Remarquez quel est le cercle horaire qui passe par ce point; il indiquera l'heure, qui est ici 8 h. 25 m. du matin, et l'axe du monde indiquera sur le bord 53°. nord, pour la latitude demandée.

REMARQUE.

Il est manifeste par ce problême qu'on peut prendre facilement la latitude du monde à toute heûre et en tout temps, lorsque ☉ se montre, ce qui n'est point une chose à rejeter pour ceux qui voyagent, comme les pilotes, qui ne trouvent pas toujours le temps propre à midi.

PROBLÊME XV.

Trouver l'heûre qu'il est, connaissant la latitudè terrestre, la déclinaison du ☉ et son azimuth.

EXEMPLE. On demande quelle heure il est, à la latitude septentrionale de 49°. 3o', la déclinaison du ☉ étant boréale et de 12°. et son azimuth oriental boréal de 15°. Disposez l'instrument pour la latitude donnée, 49°. 3o'. nord. Observez alors quel est le cercle horaire qui passe à la commune section de la déclinaison et de l'azimuth donnés, vous verrez qu'ici c'est celui de 6 h. 38 m. du matin.

PREMIÈRE REMARQUE.

Par ce moyen on connaîtra le temps vrai que la lune arrivera au rumb de vent de la marée d'un hâvre. On pourra connaître aussi l'heure de la pleine mer avec plus de justesse que par la méthode ordinaire, dans laquelle on prend les méridiens du monde pour azimuth. Quoiqu'il n'y ait que sous les poles où cela arrive, on les confond presque par toute la terre, aussi y remarque-

t-on de grands défauts, et ceux qui en ignorent
la cause en accusent le vent. Bien que ce dernier
en soit une des premières, le peu de connaissance
des azimuth y fait aussi beaucoup.

DEUXIÈME REMARQUE.

Il faut, après avoir disposé l'instrument pour la
latitude donnée, tracer sur le fond un seul point
de l'azimuth sur la déclinaison (problême 40).

PROBLÊME XVI.

*Trouver la latitude d'un lieu, connaissant la
déclinaison du ☉, sa hauteur horizontale et
l'heure qu'il est.*

EXEMPLE. On demande la latitude de l'observateur qui a trouvé la déclinaison du ☉ de 8°.
nord, ☉ élevé sur l'horizon de 40°. à 9 h. 24 m.
du matin. Marquez l'heure donnée, 9 h. 24 m. du
matin sur le parallèle de la déclinaison, 8°. nord;
prenez, sur l'Equateur, à partir du centre, avec
un compas, la hauteur horizontale du ☉, 40°; le
compas ainsi ouvert, posez-en un des pieds sur le
point de l'heure, et marquez le point où va tom-
ber l'autre pied sur le même parallèle, 8°. nord;
faites tourner ensuite le fond de l'instrument
jusqu'à ce que ce dernier point touche l'horizon.
Alors l'axe du monde indiquera, par le pole, sur
le bord 42°, qui est la latitude requise.

PREMIÈRE REMARQUE.

Ce problême démontre l'erreur de ceux qui

croient que les latitudes du monde ne peuvent
se prendre qu'à midi.

DEUXIÈME REMARQUE.

Ainsi avec une bonne montre à secondes et
avec notre instrument, le temps de midi n'étant
point propre à observer la latitude, à cause de
quelque nuage, on peut la trouver à une autre
heure quelconque de la journée. Les marins con-
naissent mieux que personne l'utilité de ce que
j'avance.

TROISIÈME REMARQUE.

Ce problème et le 14e. sont extrêmement utiles;
car la boussole corrigée et l'heure connue donnent encore une plus grande certitude.

QUATRIÈME REMARQUE.

Les problèmes 10 et 11 donnent la méthode
de trouver la latitude par deux autres moyens.

N. B. Le temps du lever et du coucher n'est
pas aussi certain, à cause des réfractions. On se
tromperait, si l'on n'y faisait pas attention.

PROBLÊME XVII.

*Trouver combien ⊛ est élevé sur l'horizon,
connaissant sa déclinaison, l'heure qu'il est et
la latitude.*

EXEMPLE. On demande combien ⊛ est élevé
sur l'horizon, sa déclinaison étant de 9°. sud; la
latitude australe et de 49°. 30'. à 9 h. du matin.
Disposez le Planisphère universel pour la latitude

donnée, 49°. 30′. Posez le pied d'un compas à l'intersection de l'heure et de la déclinaison données, qui sont ici 9 h. et le 9ᵉ. parallèle austral ; fermez ou ouvrez le compas jusqu'à ce que l'autre pied vienne à toucher l'horizon ; portez cette ouverture sur l'Equateur, à partir du centre, on aura la hauteur horizontale cherchée, qui est 19°. 45′.

PREMIÈRE REMARQUE.

Ainsi on trouvera facilement les hauteurs du ☉ à toute heure donnée, ce qui est très-utile à ceux qui font des cadrans.

DEUXIÈME REMARQUE.

Ainsi on connaîtra la hauteur du ☉, au commencement de chaque signe, à chaque heure du jour, ce qui offre un bon moyen de construire les cadrans cylindriques, à deux bords et d'autres cadrans particuliers.

TROISIÈME REMARQUE.

Ainsi on connaîtra facilement les grandeurs ou quantités des ombres gnomoniques, moyen fort prompt pour construire des cadrans analêmes et autres choses de ce genre.

PROBLÉME XVIII.

Trouver la hauteur horizontale du ☉, connaissant sa déclinaison, son azimuth et la latitude.

EXEMPLE. On demande la hauteur horizontale du ☉, sa déclinaison boréale étant de 7°, son azimuth oriental boréal de 15°, et la latitude de

49°. 30'. sud. Disposez l'instrument pour la latitude donnée, 49°. 30'. sud, et opérez comme dans
le problême précédent, vous servant de l'azimuth,
au lieu de l'heure, vous trouverez 22°. 35'.

BROBLÊME XIX.

*Trouver la déclinaison du ☉, et savoir si elle est
boréale ou australe, connaissant sa hauteur
horizontale, l'heure et la latitude.*

EXEMPLE. On demande la déclinaison du ☉,
et si elle est boréale ou australe, sa hauteur horizontale étant de 34°. à 9 h. du matin, et à la latitude nord de 49°. 30'. Disposez l'instrument pour
la latitude donnée, 49°. 30'. nord. Prenez avec un
compas, sur l'Equateur, à partir du centre, la hauteur horizontale du ☉, 34° ; faites aller et venir
un des pieds du compas ainsi ouvert sur l'heure
donnée, 9 h. du matin, jusqu'à ce que l'autre
pied touche perpendiculairement l'horizon, ce qui
arrivera ici, lorsque le pied placé sur le cercle
horaire de 9 h. du matin, se trouvera sur 7°. 45'.
du côté du sud ; c'est la déclinaison requise du ☉.

PROBLÊME XX.

*Trouver la latitude d'un lieu et l'heure qu'il est,
connaissant la différence de temps entre deux
observations de hauteurs données du ☉, et sa
déclinaison.*

EXEMPLE. On demande quelle est la latitude et
quelle heure il est, après avoir observé d'abord

☉ élevé de 31°. 30'. sur l'horizon, et 2 h. après l'avoir trouvé élevé de 50°, sa déclinaison étant de 15°. nord. Ayez deux compas ; prenez sur l'Equateur, à partir du centre, avec l'un d'eux, la hauteur horizontale du ☉ à la première observation, 31°. 30', et avec l'autre sa hauteur horizontale à la deuxième, 50° ; remarquez sur le 15e. parallèle nord deux points, distans l'un de l'autre de 2 h. ; posez un pied du compas, ouvert à la plus petite hauteur horizontale, 31°. 30'. sur le premier point du côté du centre ; faites tourner le fond de l'instrument en sorte que l'autre pied touche perpendiculairement l'horizon ; posez un pied de l'autre compas sur le deuxième point, et observez si l'autre pied touche l'horizon. Si cela arrive, la position de ces deux points est bonne, et le pole du monde indique sur le bord la latitude.

Si le second compas ne touche point perpendiculairement l'horizon, il faut prendre deux autres points sur le 15e. parallèle, distans de 2 h. ou de 30°, et essayer avec les deux compas, comme nous venons de dire, jusqu'à ce que l'on parvienne à découvrir ces deux points, ce qui arrivera en l'exemple proposé, lorsque les deux compas toucheront l'horizon perpendiculairement, ayant une jambe sur 8 et 10 h. du matin, le pole indiquant 44°. de latitude sud.

OBSERVATION.

Parmi les méthodes usitées pour trouver les

latitudes du monde, devant ou après midi, celle-ci est préférable, puisqu'il suffit d'avoir seulement une horloge qui puisse rester juste environ deux ou trois heures ; il n'importe à quel instant on commence, pourvu que l'intervalle de temps des deux observations soit connu.

PROBLÉME XXI.

Trouver la latitude d'un lieu, connaissant la hauteur horizontale du ☉ à midi, et sa dé-clinaison.

EXEMPLE. On demande la latitude du monde, après avoir observé que ☉ est élevé sur l'horizon de 58°. 3o'. à l'heure de midi, sa déclinaison étant de 18°. sud. Prenez avec un compas, sur l'Equateur, à partir du centre, la hauteur horizontale, 58°. 3o' ; posez un des pieds de ce compas à la commune section du parallèle de la déclinaison donnée, 18°. sud, et de la 12e. heure ou midi, et faites tourner le fond jusqu'à ce que l'autre pied du compas touche l'horizon perpendiculairement. Alors le pole du monde indiquera sur le bord la latitude, qui est ici septentrionale et de 49°. 3o'.

PROBLÉME XXII.

Placer les étoiles sur le Planisphère universel, connaissant leur longitude et leur latitude célestes.

EXEMPLE. On demande de placer sur le Planisphère une étoile fixe, dont la longitude est de

30°, et la latitude septentrionale de 27°. Remarquez le point où le 30e. dégré de longitude céleste se trouve coupé par le 27e. de latitude septentrionale ; c'est celui où est placée l'étoile.

PREMIÈRE REMARQUE.

Attendu que presque toutes les tables de longitudes et de latitudes des étoiles fixes commencent à compter les longitudes et à partir de la première corne du ♈, appelée *gamma*, étoile de 4e. grandeur, qui a présentement 30°. 36'. de longitude , on pourrait y faire passer un grand cercle , ou demi-ellipse , et commencer, à compter de ce point , les longitudes.

DEUXIÈME REMARQUE.

Ainsi on pourrait trouver les longitudes et latitudes des étoiles placées sur une Sphère , et examiner si elles le sont correctement pour le temps.

TROISIÈME REMARQUE.

On pourrait encore se servir ici du moyen de déterminer la position des étoiles par les médiations , ce qui est peu important.

PROBLÈME XXIII.

Placer les étoiles fixes sur le Planisphère universel, connaissant leur ascension droite et leur déclinaison.

EXEMPLE. On demande de placer sur le Planisphère une étoile fixe dont l'ascension droite est de 25°, et la déclinaison septentrionale et de 17°.

Remarquez le point où le 17ᵉ. parallèle septentrional de déclinaison coupe le 25ᵉ. méridien ou cercle d'ascension droite, c'est celui où se trouve l'étoile donnée.

N. B. On peut compter les ascensions de suite, c'est-à-dire, de 1°. à 360°, ou par signes, ou par temps, c'est-à-dire, par heures et minutes.

PREMIÈRE REMARQUE.

On se sert de ce moyen de préférence aux autres, comme plus facile, pour placer les étoiles fixes sur les globes et les cartes célestes.

DEUXIÈME REMARQUE.

En observant un nouveau phénomène, on trouve plus aisément son ascension droite et sa déclinaison que sa longitude et sa latitude.

TROISIÈME REMARQUE.

Ainsi on peut trouver l'ascension droite et la déclinaison des étoiles fixes placées sur un Planisphère céleste, ce qui est fort utile pour connaître encore si les étoiles d'un globe céleste sont bien placées, et si l'ouvrier ou le temps écoulé depuis qu'il a été fabriqué, n'y a point occasionné de changement.

PROBLÊME XXIV.

Trouver les ascensions droites des signes du Zodiaque et de tel arc de l'Ecliptique que l'on voudra.

EXEMPLE. On demande quelle est l'ascension droite du commencement du ♈. Remarquez quel méridien passe par le point de l'écliptique donné, c'est l'ascension droite du point demandé, qui est ici 27°. 55'.

Par le même moyen on trouve que l'ascension droite de la fin du ♉ ou du commencement des ♊ est de 57°. 50', c'est-à-dire, qu'au moment où se lève la fin du ♉ ou le commencement des ♊, 57°. 50'. de l'Equateur montent sur l'horizon ; or soustrayant 27°. 55'. ascension droite de la fin du ♈, de 57°. 50'. ascension droite de la fin du ♉, il reste seulement 29°. 55'. pour l'ascension droite du signe du ♉.

Autre EXEMPLE. On demande l'ascension droite du 24e. dégré du ♌. Remarquez quel est le méridien qui passe par le point demandé, c'est celui du 146e. dégré 20'. de l'Equateur ; c'est aussi l'ascension droite requise. Comme ♌ est en la 2e. quarte du Zodiaque, il faut également compter en la 2e. quarte de l'Equateur, qui est en la partie descendante. Il en est de même pour tous les autres points du Zodiaque. De cette manière se connaîtront les ascensions droites de tel arc de l'Ecliptique que l'on voudra, et en telle quarte du Zodiaque que l'on désirera, se souvenant que la première et la quatrième sont par-dessus et ascendantes, et la deuxième et la troisième par-dessous et descendantes.

PREMIÈRE REMARQUE.

Dans les ascensions de la sphère droite, on peut facilement remarquer les signes qui se lèvent ou se couchent droitement et obliquement , et quels sont ceux qui sont les plus obliques et les plus droits.

DEUXIÈME REMARQUE.

Donc nous inférons que l'inégalité des jours naturels se peut facilement comprendre d'après ce que nous venons de dire , puisqu'elle procède des ascensions inégales qui se font dans la sphère droite.

PROBLÊME XXV.

Trouver les ascensions obliques des signes du Zodiaque, pour une latitude quelconque donnée.

1°. Il faut trouver les différences ascensionnelles, qui sont les segmens des parallèles compris entre le méridien de 6 h. et l'horizon, en quelque élévation du pole ou latitude que ce soit.

EXEMPLE. Trouver la différence ascensionnelle de la fin du ♈ ou du commencement du ♉, à la latitude septentrionale de 50°. Disposez l'instrument pour la latitude donnée, 50°. Le segment du parallèle passant par la fin du ♈ coupe l'horizon en un point. Prenez avec un compas la distance de ce point au méridien de 6 h., reportez-la sur l'Equateur, à partir du centre, et vous connaîtrez la différence ascensionnelle demandée. Dans l'exemple proposé, le segment du parallèle passant par la fin du ♈, ou le commencement du ♉, est de 14°. 0'; celui qui passe par la fin du ♉ ou le commen-

cement des ♉ est de 26°. 0', et celui de la fin des
♉ ou du commencement de ♋ est de 31°. 15'.

Opérez de même pour les autres points du
Zodiaque.

2°. Cette différence ascensionnelle est celle
qui existe entre l'ascension droite d'un signe et
l'ascension oblique du même signe en la position
de la sphère oblique ; cette différence se soustrait
aux signes septentrionaux et s'ajoute aux méridionaux de ou avec les ascensions des signes, en
la sphère droite, pour avoir les ascensions obliques des mêmes signes en la sphère oblique.

3°. Il faut chercher l'ascension droite d'un
signe et la différence ascensionnelle du même
signe à une latitude donnée, ôter cette différence
de l'ascension droite, si le signe est septentrional,
et ajouter cette différence à l'ascension droite ; si
le signe est méridional. Le reste, ou la somme
est l'ascension oblique.

Exemple. On demande l'ascension oblique du
signe du ♈ à la latitude de 50°. nord. La différence ascensionnelle de la fin du ♈, à 50°. de
latitude, est de 14°. 0', et l'ascension droite du
même est de 27°. 55', dont il faut ôter cette différence ; reste 13°. 55'. pour l'ascension oblique
du signe du ♈, c'est-à-dire, qu'avec ce signe se
lèvent 13°. 55'. de l'Equateur.

En cette même position de la sphère, l'ascension droite du ♑ est de 57°. 50', la différence ascensionnelle de la fin du ♑ de 26°. 0', qu'il faut

en ôter; reste 31°. 50'. pour l'ascension oblique du ♈ et du ♉.

De même l'ascension droite de la fin des ♊ est de 90°, et la différence ascensionnélle, à la latitude proposée, est de 31°. 15', qu'il faut en ôter ; reste 58°. 45'. pour l'ascension oblique du ♈, du ♉ et des ♊, qui est la quarte du printemps, avec laquelle se lèvent 58°. 45'. de l'Equateur.

Il faut encore soustraire en la quarte de l'été ♋, ♌ et ♍.

Mais aux deux autres quartes de l'automne et de l'hiver, il faut ajouter les différences ascensionnelles.

Exemple. On demande l'ascension oblique de la fin de ♎, à la latitude de 50°. nord. Son ascension droite est de 207°. 55'. (Problême 24). La différence ascensionnelle de 14°. 0'. Il faut les ajouter ensemble. Leur somme 221°. 55'. est l'arc de l'Equateur qui se levera avec ♈, ♉, ♊, ♋, ♌, ♍ et ♎.

Ainsi se trouveront les ascensions obliques des signes, pour quelque latitude ou élévation du pôle que ce soit.

PROBLÊME XXVI.

Trouver l'heure du lever et du coucher des signes, connaissant la latitude et le lieu du ☉ au Zodiaque.

Premier Exemple. On demande à quelle heure se levera le commencement du ♌ ou la fin de ♋,

à la latitude nord de 5o°, ☉ étant à la fin du ♈.
L'ascension droite de la fin du ♈ est de 27°. 55',
celle de la fin de 69, de 122°. 20'; leur différence
est de 94°. 25', qui sont 6 h. 17 m., depuis 6 h.
du matin, le lever en la sphère droite, et qui font
12 h. 17 m. dont il faut ôter la différence ascensionnelle du premier ou du commencement du
♌, qui se trouve, pour cette même latitude, de
5o°, de 26°, qui font 1 h. 44 m. qu'il faut ôter de
12 h. 17 m.; il reste 10 h. 33 m., qui est le temps
où se levera le commencement du ♌.

Deuxième Exemple. On demande l'heure du
lever du 10e. dégré de ♍, à 5o°. de latitude, ☉
étant au 26e. dégré du ♒. L'ascension droite du
10e. dégré de ♍ est de 161°. 3o', et celle du 26e.
dégré du ♒ de 328°. 15', et parce que c'est le lieu
du ☉, il faut l'ôter de 161°. 3o'. Comme ce
nombre est plus petit, il faut y ajouter le cercle
entier 36o°; le tout fait 521°. 3o'. dont il faut
ôter 328°. 15'; il reste 193°. 15'. que ☉ est plus
occidental. De ce nombre il faut ôter la différence
ascensionnelle du 10e. dégré de ♍, qui est de 9°.
25', et il reste 183°. 5o', qui font 12 h. 15 m.,
depuis 6 heures du matin, ce qui arrive à 6 h.
15 m. du soir que le 10e. dégré de ♍ se levera.

Autre Exemple. On demande, à la latitude de
5o°. nord, l'heure du lever du commencement
du ♓, dont l'ascension droite est de 237°. 4o',
☉ étant au 20e. dégré du ♈, dont l'ascension
droite est de 18°. 3o'. Il faut soustraire 18°. 3o'.

de 237°. 40'; il reste 219°. 10'. dont ☉ est plus occidental que ⇉. A ce reste il faut ajouter 26°. pour la différence ascensionnelle du commencement du ⇉; la somme est 245°. 10', qui sont 16 h. 20 m. à compter depuis 6 h. du matin, qui font 10 h. 20 m. du soir, heure à laquelle se levera le commencement du ⇉.

Il faut faire de même pour tous les autres signes.

Pour le coucher du même commencement du ⇉, de 219°. 10', différence entre les deux ascensions, ôtez 26°. de différence ascensionnelle (que nous avons ajoutée pour le lever), il reste 193°. 10', qui sont 12 h. 52 m. à compter depuis 6 h. du soir, et qui indiquent 6 h. 52 m. du matin pour le moment du coucher du commencement du ⇉.

Ainsi nous voyons qu'il n'y a d'autre différence entre les levers et les couchers des signes que celle de l'addition et de la soustraction. Car comme nous avons dit, les signes septentrionaux se soustrayent en leurs différences ascensionnelles, et les méridionaux s'additionnent pour les levers, et le contraire advient pour les couchers; parce que ceux qui s'additionnent pour le lever se soustrayent pour le coucher en l'hémisphère septentrional du monde. Le contraire a lieu pour l'hémisphère méridional.

Autrement. Cette méthode est plus facile. Prenez la différence des ascensions droites, ôtant toujours celle du ☉ de celle du signe requis.

Disposez l'instrument pour la latitude donnée ; remarquez en quel endroit l'horizon coupe le parallèle du point du signe requis, et sur ce parallèle comptez le nombre de dégrés de la différence des ascensions, et où le nombre se terminera, ce sera l'heure du lever du signe. Si le nombre finit avant de venir au méridien, l'heure sera avant midi ; si lo nombre est plus grand et qu'il faille retourner en descendant, l'heure sera après midi.

Le coucher se trouve par le même moyen , c'est-à-dire, que du même point de la section du parallèle du signe et de l'horizon, qui est le coucher dudit signe, il faut compter la susdite différence des ascensions droites du ☉ et du signe requis, sur ledit parallèle , en descendant par les heures du soir, et si le nombre termine avant de parvenir au cercle de minuit, les heures du coucher du signe seront après midi ; mais s'il faut passer, en remontant par les heures du matin, le lever sera avant midi.

Autrement et mieux.

Premier EXEMPLE. Disposez l'instrument pour la latitude donnée , 5o°. nord ; prenez l'heure du lever du commencement du ♌, 4 h. 16 m. (problême 5) qu'il faut ajouter à 6 h. 17 m. que valent 94°. 25', différence entre les ascensions droites, et qui font ensemble 10 h. 33 m. pour l'heure du lever du commencement du ♌, ☉ étant au commencement du ♉.

Deuxième EXEMPLE. Disposez l'instrument pour la latitude donnée, 50°. nord. Prenez le lever du 10e. dégré de ♍, 5 h. 22 m. (problême 5), et ajoutez-le à 12 h. 52 m. que font 193°. 15′, différence entre leurs ascensions droites; la somme est 18 h. 14 m., à compter de minuit; ainsi ce sera à 6 h. 14 m. du soir que le 10e. dégré de ♍ se lèvera, ☉ étant au 26e. dégré du signe du ♒.

PREMIÈRE REMARQUE.

Pour savoir à quelle heure un tel ou tel signe viendra au méridien, ou bien au cercle de minuit, il ne faut que prendre la différence des ascensions droites du ☉ et du signe requis, puis la convertir en temps.

DEUXIÈME REMARQUE.

Par ce problême on saura combien de temps chaque signe emploie à se lever, car en prenant l'heure du lever du commencement et de la fin, la différence de temps montrera ce qui était requis.

TROISIÈME REMARQUE.

Nous avons donc ici un moyen aisé et facile de trouver les levers et les couchers des planettes, lorsqu'on connaît leur longitude au Zodiaque, principalement à l'égard de la lune, ce qui n'apporte pas peu d'utilité, à cause du flux et du reflux.

QUATRIÈME REMARQUE.

Puisque l'on peut savoir l'heure à laquelle une

4

étoile arrive au méridien, on pourra, par la hauteur et la déclinaison de l'étoile, en conclure la
latitude du lieu.

PROBLÈME XXVII.

Trouver l'heure du lever et du coucher des étoiles
fixes, connaissant leur ascension droite et leur
déclinaison.

Opérez de même qu'au problème précédent,
pour trouver l'heure du lever du signe, c'est-à-
dire, que de l'ascension droite de l'étoile il faut
ôter celle du ☉, puis convertir le reste en temps,
auquel on ajoutera le lever de l'étoile, si elle est
sud, et dont on le soustraira, si elle est nord, et
vous aurez le temps du lever, à compter depuis
6 h. du matin.

EXEMPLE. On demande l'heure du lever du
grand chien, ☉ étant au commencement des ♓,
à la latitude de 50°. nord. L'ascension droite du
grand chien est de 99°. 18′, et sa déclinaison de
16°. 28′. Comptez depuis l'ascension droite du ☉
jusqu'à celle du grand chien, allant vers l'orient,
et vous trouverez 127°. 8′. Puis prenez le lever
de 16°. 28′. de déclinaison sud, et vous trouverez
20°. ou 4 h. 40 m. qu'il faut ajouter, à cause que
la déclinaison est sud; la somme est 147°. 8′, qui
font 9 h. 48′, à compter depuis 6 h. du matin,
qui finissent à 3 h. 48 m. après midi, qui est le
temps où le grand chien se levera.

Pour son coucher, il faut de ce même nombre 127°. 8', différence des ascensions, ôter 20°. pour le lever; il reste 107°. 8', qui valent 7 h. 8 m., à compter depuis 6 h. du soir, qui reviennent à 1 h. 8 m. après minuit, que le grand chien se couchera.

Il faudra opérer de même pour toutes les autres étoiles.

Autrement et mieux. Disposez l'instrument pour la latitude donnée, 50°. nord; prenez le lever du grand chien, 7 h. 20 m., ajoutez-le avec 8 h. 28 m. que valent 127°. 8', différence des ascensions droites du grand chien et du commencement des $\simeq$, la somme 15 h. 48 m., à compter depuis minuit, donne 3 h. 48 m. après midi.

PREMIÈRE REMARQUE.

Le temps que l'astre en question demeure sur l'horizon, se connaît facilement au moyen de ce problême; car depuis 3 h. 48 m. du soir que l'astre s'est levé, jusqu'à 1 h. 8 m. du matin qu'il s'est couché, il y a 9 h. 20 m. qu'il est resté sur l'horizon. En ôtant 9 h. 20 m. de 24 h., il reste 14 h. 40 m. pour le temps qu'il est demeuré dessous l'horizon.

DEUXIÈME REMARQUE.

Non seulement on trouve l'heure du lever et du coucher des étoiles fixes, mais aussi leur amplitude, tant orientale qu'occidentale, qui est le point de l'horizon où leur parallèle le coupe.

TROISIÈME REMARQUE.

Les pilotes ont ici un beau moyen pour observer les variations de la boussole, parce qu'il arrive souvent que ☉ ne se montrant point à son
lever ou à son coucher, les étoiles suppléent à ce
défaut.

QUATRIÈME REMARQUE.

Par la connaissance de l'amplitude d'une étoile
fixe et de celle de sa déclinaison, on peut facilement conclure la latitude du monde, en faisant
tourner le fond de l'instrument jusqu'à tant que
le dégré de l'amplitude se trouve dessus le parallèle de la déclinaison de l'étoile donnée, c'est-à-
dire, jusqu'à ce que le parallèle de la déclinaison
vienne à couper l'horizon au point de l'amplitude
donnée ; alors l'axe du monde indiquera sur le
bord la latitude demandée.

PROBLÊME XXVIII.

*Trouver la latitude terrestre, connaissant le lieu
du ☉ au Zodiaque et l'heure du lever d'une
étoile.*

Soustrayez de l'ascension droite de l'étoile proposée l'ascension droite du ☉, et le reste est la
différence qu'il faut ôter du temps du lever, si
l'étoile est sud, et ôter le temps si elle est nord ;
le reste est la différence ascensionnelle qu'il faut
prendre sur son parallèle et amener à l'horizon le

point où elle se termine ; alors l'axe du monde indiquera sur le bord la latitude requise.

Exemple. On demande la latitude, ☉ étant au commencement des ♊ et sachant que l'heure du lever du grand chien est 3 h. 48 m. après midi. Leur différence est 127°. 8', et la déclinaison de l'étoile 16°. 28'. sud, 3 h. 48 m. ajoutées à 6 h. font 9 h. 48 m. ou 147°, dont il faut ôter 127°. 8'; il reste 19°. 52'. de différence ascensionnelle. Il faut compter ces 19°. 52'. sur le 16°. 28'. parallèle sud, partant de l'axe du monde, et allant vers le midi, puis amener le point où se terminent ces 19°. 52'. à l'horizon, alors l'axe du monde indiquera sur le bord 50°, qui est la hauteur du pole de cette position.

Si le temps, depuis 6 h. du matin, était moindre (réduit en dégrés) que la différence des deux ascensions, leur différence serait la différence ascensionnelle du parallèle de l'étoile.

Exemple. L'œil du ♉ a 16°. 8'. de déclinaison nord, ☉ au commencement des ♊ ; cet astre se lève à 10 h. 52 m. du matin : on demande la latitude de l'observateur. La différence ascensionnelle entre l'œil du ♉ et ☉ est de 94°. 14'. et 10 h. 52 m. ; ce sont 4 h. 52 m. depuis 6 h. du matin. Ces 4 h. 52 m. font 73°. qu'il faut ôter de 94°. 14'; il reste 21°. 14'. de différence ascensionnelle sur le 16e. parallèle nord ; il faut compter 21°. 14'. depuis l'axe du monde, allant vers minuit, et amener le point où se terminent ces 21°.

14′. à l'horizon ; l'axe du monde indiquera sur le bord 51°. de latitude nord.

Opérez ainsi pour toute autre étoile.

Il faut travailler de même pour les couchers des autres étoiles, mais par voie contraire ; car ce qui s'ajoute pour l'un, se soustrait pour l'autre, et l'on doit commencer toujours à compter le temps à partir de 6 h. du soir. Il est facile d'en concevoir le motif, d'après ce que nous avons dit.

REMARQUE.

Ce moyen n'est pas à rejeter pour chercher les latitudes, ☉ ne paraissant point à cause de quelque nuage, chaque étoile, dont nous connaîtrons l'ascension droite et la déclinaison, sera pour nous un ☉ qui pourra remplacer, seulement pour cet office, le véritable. Ce qui est d'autant plus aisé et juste, que leur déclinaison ne change point sensiblement en l'âge d'un homme, ce qui est d'un grand secours, pourvu que l'on travaille avec précision.

PROBLÊME XXIX.

Trouver l'heure qu'il est, connaissant le lieu du ☉ au Zodiaque et la hauteur horizontale d'une étoile.

Exemple. On demande l'heure qu'il est, ☉ étant au commencement des ♊, l'œil du ♉ en la plage orientale, élevé sur l'horizon de 30°. à la

latitude de 5o°. nord. Disposez l'instrument pour
la latitude donnée, 5o°. nord. Prenez avec un
compas 3o°. sur l'Equateur, à partir du centre,
et posez un des pieds du compas sur le 16e. parallèle nord, qui est la déclinaison de l'œil du ♉,
et le méridien de 6 h. ; faites aller et venir l'autre
pied dudit compas jusqu'à tant qu'il touche le bord
de l'horizon. On trouve alors que l'heure de l'é-
toile est 8 h. 6 m. qu'il faut ajouter à 6 h. 16 m.
que font 94°. 14', différence entre les ascensions
droites de l'œil du ♉ et du commencement des ♊ ;
en tout 14 h. 22 m. depuis minuit, qui sont 2 h.
22 m. après midi, lors du lever de ladite étoile.

AVERTISSEMENT.

On trouvera peut-être étrange qu'une étoile
soit vue 2 h. 22 m. après midi, pour en observer
la hauteur. Qu'on se souvienne que c'est un
exemple pris seulement pour instruire et non
pour dire que la chose puisse effectivement arriver. Il en est de même des autres exemples qui
ne peuvent réellement arriver et qui n'ont pour
but que l'instruction.

PROBLÈME XXX.

Trouver l'heure qu'il est, connaissant la latitude, le lieu du ☉ au Zodiaque et l'azimuth d'une étoile.

1°. Trouvez la différence des ascensions droites entre le lieu du ☉ et celui de l'étoile requise, en ôtant celle du ☉ de celle de l'étoile.

2°. Convertissez en temps cette différence.

3°. Disposez l'instrument pour la latitude donnée.

4°. Menez du dégré de l'horizon l'azimuth proposé (problême 40), qui coupera le parallèle de la déclinaison de l'étoile, et au point de leur intersection, on trouvera l'heure de l'étoile, comme si elle était ☉.

5°. Enfin à cette heure trouvée, il faut ajouter le temps de la différence des ascensions entre ☉ et l'étoile; la somme est le temps requis, à compter depuis minuit.

PREMIÈRE REMARQUE.

Ces deux problêmes sont réciproquement liés ensemble; car en trouvant l'heure, on trouve au même point l'azimuth, et par la connaissance de l'azimuth, on conclut l'heure.

DEUXIÈME REMARQUE.

Donc par les azimuth des étoiles, les pilotes peuvent encore connaître les variations de l'ai-

guille ou de la boussole, qui leur est si néces-
saire en la navigation.

PROBLÊME XXXI.

*Trouver la latitude d'une position quelconque,
connaissant l'heure, le lieu du ☉ au Zodiaque
et la hauteur horizontale d'une étoile fixe.*

EXEMPLE. On demande la hauteur du pole ou
la latitude, ☉ étant au commencement des ♓,
le cœur de l'hydre élevé sur l'horizon du côté de
l'orient de 30°. à 9 h. 18 m. du soir. L'ascension
droite du ☉ est de 332°. 10', celle de l'étoile de
139°. 41', la différence entre leurs ascensions
droites de 167°. 31', qui valent 11 h. 10 m. qu'il
faut ôter du temps donné, 9 h. 18 m. du soir,
qui font 21 h. 18 m. à compter de minuit, il reste
10 h. 8 m. du côté de l'orient, où doit être l'étoile,
et en la prenant comme ☉, il faut compter sur
le 7°. 53'. parallèle sud (qui est la déclinaison du
cœur de l'hydre) 10 h. 8 m. Prenez avec un
compas, sur l'Equateur, à partir du centre, 30°,
qui est la hauteur horizontale de l'étoile ; posez-
en un des pieds sur le point de 10 h. 8 m. et sur le
7°. 53'. de déclinaison sud, puis faites tourner le
fond jusqu'à ce que l'autre pied touche seulement
l'horizon. Alors l'axe du monde indiquera sur le
bord, ou le limbe, 47°. de latitude nord.

PROBLÈME XXXII.

Trouver la latitude d'une position quelconque, connaissant l'heure, le lieu du ☉ au Zodiaque et l'azimuth d'une étoile fixe.

1°. Convertissez en temps, comme au problême précédent, la différence entre les deux ascensions droites de l'étoile et du ☉.

2°. Otez-la du temps trouvé en l'observation, à compter depuis minuit; le reste est le temps ou l'heure de l'étoile (or si ☉ y était, c'est l'heure qu'il serait) qu'il faut marquer sur le parallèle de la déclinaison de l'étoile.

3°. Faites tourner le fond de l'instrument jusqu'à ce que traçant l'azimuth donné (problême 40), il passe par le point d'intersection de l'heure de l'étoile et de la déclinaison (1); alors l'axe du monde indiquera sur le bord la latitude requise.

PREMIÈRE REMARQUE.

Nous avons donc ici un grand nombre de moyens pour trouver les latitudes du monde; c'est pour faire voir que les marins ne doivent pas les rejeter, ni s'en tenir aux moyens ordinaires qui, quoique bons, ne doivent point ôter l'envie d'en trouver d'autres pour y suppléer,

---

(1) Afin de pouvoir tracer l'azimuth requis, il faut commencer par prolonger l'axe de l'horizon. (Problême 40, deuxième remarque.)

n'ayant pas toujours ☉ ni l'étoile du nord en main au temps qu'il faut.

DEUXIÈME REMARQUE.

Ces deux problêmes ont beaucoup de rapport ensemble ; car par l'un ou l'autre, on parvient à un même résultat, et la connaissance de l'un d'eux ne s'acquiert guères sans l'autre. Il est vrai que la hauteur est plus ordinaire que l'azimuth, mais par la solution on le connaît, comme pareillement par la solution de l'azimuth on sait la hauteur.

PROBLÊME XXXIII.

Trouver quel signe et quel dégré passe au méridien à toute heure donnée, connaissant le lieu du ☉ au Zodiaque.

EXEMPLE. On demande quel dégré du Zodiaque passe par le méridien à 7 h. du soir, ☉ étant au 28ᵉ. dégré du ♒. 7 h. valent 105°. qu'il faut compter sur l'Equateur, commençant à l'ascension droite du 28ᵉ. dégré du signe du ♒. Ils se terminent à 15°. 10'. des ♊, lequel passera alors au méridien, et son point opposé, 15°, 10'. du ♐ passera par le cercle de minuit.

Si on a 8 h. du matin, qui sont 4 h. avant midi, et si ☉ est au 14ᵉ. dégré des ♓, il faudra, de son ascension droite prise sur l'Equateur, rétrograder de 60°. pour 4 h. qui finiront au 13ᵉ. dégré 20'. du ♑, c'est le point qui passe alors au méridien,

et celui qui lui est opposé, le 13e. dégré 20'. de 69,
passe au cercle de minuit.

PROBLÊME XXXIV.

*Trouver le signe et le dégré levant et couchant,
pour une latitude proposée, connaissant le signe
et le dégré du ☉ au Zodiaque et l'heure qu'il est.*

EXEMPLE. On demande le signe et le dégré
levant et couchant, ☉ au 10e. dégré des ♓ à 3 h.
après midi, et à la latitude de 49°. Il faut savoir
le signe levant en la sphère droite, qui se connaît
ainsi : toujours 6 h. et l'heure observée 3 h. font
9 h. ou 135°, qu'il faut compter sur l'Equateur,
depuis l'ascension droite du 10e. dégré des ♓,
selon l'ordre des signes, elles finiront au 24°. 35'.
de 69, c'est le signe et dégré levant en la sphère
droite. Pour la sphère oblique, il faut se servir
ici de la règle de proportion. L'instrument disposé pour la latitude donnée, 49°, le lever des
signes septentrionaux se fera plutôt qu'en la
sphère droite, et plus tard, lorsque les signes
sont méridionaux.

1°. Supposons que le signe levant soit le 15e.
dégré du ♌. Il faut connaître l'heure de son lever
(problême 26), qui est 3 h. 10 m., mais il ne fal-
lait que 3 h.

2°. Supposons que le 10e. dégré du ♌ se lève,
il arrivera (problême 26) à 2 h. 50 m. qui est
trop petit. De sorte que la première supposition

donne 10 m. de plus, et la seconde 10 m. de moins.
Ajoutez ces différences ensemble; elles font 20 m.
si 20 m. valent 5°. (différence entre 10 et 15°.),
combien 10 m., il vient 2°. 30'. qu'il faut ajouter
à 10°; ce qui fait 12°. 30'. du ♌ pour le dégré
levant alors. Par conséquent son dégré opposé,
12°. 30'. du ♒, est le signe couchant.

N. B. Il faut tâcher qu'en la proportion il y
ait toujours du plus et du moins ; on approche
davantage de la vérité que si les nombres don-
naient tous deux plus, ou tous deux moins. Cela
cependant n'y apporte pas grande erreur ; elle
arrive par l'inégalité des ascensions des arcs de
l'Ecliptique.

Autrement. Comptez, à partir du 10e. dégré
des ♓, jusqu'à la 3e. heure après midi, la différence d'ascensions droites. On trouve 63°. 30';
dont 3 h. précèdent le 10e. dégré des ♓. Disposez
l'instrument pour la latitude donnée, 49°. Voyez
quel dégré de l'Ecliptique est éloigné de l'horizon
de 63°. 30', ce qu'il faut chercher en la quarte de
l'été, comptant sur l'Equateur 63°. 30', et partant
de l'ascension droite 341°. 30'. du 10e. dégré des
♓. Ils termineront à l'ascension droite 45°. du
12°. 30'. du signe du ♌. C'est le signe et dégré
levant.

Travaillez de même pour toute autre semblable
question, et cherchez toujours le signe levant en
la sphère droite.

REMARQUE.

Par ce problême, on connaît les étoiles qui se lèvent et se couchent, celles qui sont dessus et dessous l'horizon, et en quelle partie de jour chacune se trouve.

PROBLÊME XXXV.

Tracer un cadran ou horloge horizontal, con-
naissant la latitude.

Disposez l'instrument pour la latitude donnée; l'horizon se trouve coupé par les cercles horaires en segmens, tels que le plan horizontal doit être divisé par dégrés, c'est-à-dire, les dégrés qu'il faut pour chaque heure et selon leur ordre.

Quant au style, il doit toujours être placé en sorte qu'il fasse avec la méridienne un angle égal à celui que l'axe du monde fait avec l'horizon.

PROBLÊME XXXVI.

Construire un cadran vertical ou horloge mural
sans décliner, c'est-à-dire, régulier, connaissant
la latitude.

Opérez de même ici qu'au problême précédent, sinon qu'il faut disposer l'instrument en sorte que le pole du monde soit élevé sur l'horizon du complément de la latitude, pour que ce dernier (l'horizon) puisse servir de verticale. Les cercles horaires couperont l'horizon en segmens, qui indiqueront les dégrés qu'il faut pour chaque heure. Le reste comme au problême 35.

Quant au style, il est facile à déterminer.

PROBLÊME XXXVII.

Décrire un cadran ou horloge déclinant ou irrégulier, connaissant la latitude.

Décrivez (problême 40), selon la déclinaison de la muraille, une ovale autour de l'axe de l'horizon, qui se termine au zénith et au nadir, et dont le moindre diamètre soit double de la déclinaison; divisez-la par dégrés, selon la fabrique de la sphère, et les cercles horaires couperont cette ovale en segmens d'heure, qui indiqueront les dégrés que doit avoir chaque heure.

Le plan du style doit être avec celui du méridien et le style avec l'axe du monde.

PREMIÈRE REMARQUE.

Ainsi on décrira les cadrans ou horloges inclinés, en ajoutant ou en soustrayant de la latitude, et on opérera par le problême 36.

DEUXIÈME REMARQUE.

L'horloge ou cadran déclinant et incliné doit se réduire en latitude, soit en ajoutant ou soustrayant, puis la déclinaison quadrée, on opérera par le problême 28.

On travaillera de même pour tout autre.

PROBLÈME XXXVIII.

Trouver en quel climat, soit de demi-heure, soit de mois, est située une position quelconque donnée, connaissant sa latitude.

Exemple. On demande quel est le climat dans lequel est située une ville dont la latitude est de 50°. nord. Disposez d'abord l'instrument pour la position de la sphère parallèle. Remarquez ensuite où se termine le parallèle de la latitude donnée, 50°. nord. Il indiquera sur le bord, au 4e. cercle, le nombre du climat demandé, qui est ici le 9e. climat septentrional de demi-heure.

OBSERVATION.

Si la latitude eût été méridionale, le climat l'aurait été également; du reste la solution serait la même.

REMARQUE.

On peut encore, au moyen du bord, représentant le grand méridien, connaître le commencement, la fin et la largeur des climats, soit de demi-heure, soit de mois.

PROBLÊME XXXIX.

Trouver en quel climat de demi-heure est située une position quelconque donnée, savoir la durée de son jour le plus long de toute l'année au solstice d'été, en heures et minutes, ainsi que celle de son jour, 1, 2, 3, 4 et 5 mois avant et après ce même jour solsticial, ou bien celle de son jour le plus court au solstice d'hiver, ainsi que celle de son jour, 1, 2, 3, 4 et 5 mois avant et après ledit jour solsticial, connaissant sa latitude.

N. B. Les cinq nombres croissant d'une unité de gauche à droite, placés au-dessous du cercle polaire arctique et dont sont affectées les lignes des jours, servent pour marquer le temps avant et après le jour le plus long, et les cinq autres placés au-dessous de ceux-ci et croissant de droite à gauche, servent pour marquer le temps qui précède et qui suit le jour le plus court de toute l'année. Elles ne sont tracées que sur l'hémisphère septentrional, mais elles peuvent servir cependant pour l'hémisphère méridional.

Exemple. On demande le climat de demi-heure et la durée du jour au solstice d'été, pour une latitude nord de 48°. 5o', qui est celle de Paris. Opérez comme dans le problême précédent, et vous trouverez que cette latitude est dans le 8e. climat septentrional. Remarquez ensuite le point

où la ligne des jours les plus longs coupe le parallèle de la latitude donnée et quel cercle horaire passe par ce point ; il indique l'heure et la
minute du lever du ☉ au fort de l'été du pays,
d'où l'on saura par conséquent la durée du jour
entier. Dans notre exemple, on verra que c'est
le cercle horaire de 4 h. Donc au fort de l'été,
☉ se lève à 4 h. du matin, à Paris, et dans tout
le pays du même parallèle, ou de son anti-paral-
lèle, c'est-à-dire, de 48°. 50′. sud. Il est aisé de là
de juger que le grand jour est de 16 h., parce que
de 4 h. du matin jusqu'à midi, il y a 8 h. et autant
de midi au coucher du ☉.

On opérera de même pour toute autre latitude.

Mais si on voulait trouver la durée du jour
deux mois avant et après le fort de l'été, c'est-à-
dire, au moment où ☉ entre dans ♉ ou ♍,
toujours pour la latitude de 48°. 50′, il faudrait
alors se servir de la ligne cotée 2 des nombres
supérieurs, croissant de gauche à droite, et opérer
ensuite comme précédemment. On verra que ☉
se lève à 5 h. 6 m. du matin, ou environ, ce
jour là, à Paris, et que la durée du jour est de
13 h. 48 m.

Si on voulait la durée du jour 1, 3, 4 et 5 mois
avant ou après le solstice d'été, il faudrait faire
usage des lignes cotées 1, 3, 4 et 5, puis opérer
comme nous venons de dire.

PREMIÈRE REMARQUE.

On pourrait ne pas se servir du problême précédent pour trouver le climat. Il suffit de remarquer quel est le cercle horaire qui passe à la
commune section du parallèle de la latitude donnée et de la ligne du plus grand jour. Prenant la
différence, ou pour mieux dire l'excès sur 12 h.
et le réduisant en demi-heures, on obtiendra le
climat demandé. En se servant de ce moyen pour
le problême proposé, on verra que le cercle horaire de 4 h. du matin passe à la commune section du parallèle de 48°. 5o'. et de la ligne du
plus grand jour, c'est-à-dire, que ☉ se lève à
4 h. du matin au plus grand jour de l'été, et se
couche par conséquent à 8 h. du soir. Il reste
donc 16 h. sur l'horizon, c'est la durée du jour
solsticial d'été, pour cette latitude. De 16 h.
ôtons-en 12, il reste 4 h. qui, réduites en demi-
heures, donnent 8 pour le nombre du climat
requis.

DEUXIÈME REMARQUE.

Ainsi on a encore un moyen de connaître
l'heure à laquelle se lève ☉ au jour du solstice
d'été ou d'hiver, et celle où il se couche ; de
même que celle où il se lève et couche 1, 2, 3, 4
et 5 mois avant ou après l'une de ces époques.

PROBLÊME XL.

Tracer la circonférence entière ou un seul point de la circonférence des grands cercles qui passent par les poles du monde, de l'Ecliptique ou de l'horizon, c'est-à-dire; tracer les méridiens, les longitudes terrestres, les cercles horaires, les ascensions droites, les longitudes célestes et les azimuth ou cercles verticaux à l'horizon qui ne se trouvent point sur le Planisphère universel; prolonger les méridiens qui s'y rencontrent, mais qui ne s'étendent que jusqu'aux tropiques ou aux cercles polaires, à partir de l'Equateur, et les azimuth qui ne s'étendent que jusqu'au cercle crépusculaire, à partir de l'horizon (1).

N. B. Il faut se servir, pour résoudre ce problême, du *rayon* (2).

EXEMPLE. On demande de tracer le 23e. méridien, qui ne se trouve point sur le Planisphère universel. Placez le 23e. dégré du rayon sur l'axe

---

(1) Voyez la description, livre premier, pages 3 et 4.

(2) J'ai omis, dans la description, de parler du *Rayon*. C'est une règle de la longueur du demi-Equateur, de même division et de même cote; tandis que l'autre côté de la même règle, qui est l'*Echelle du Sinus verse*, est un demi-Equateur, de même division, mais dont la cote est en sens inverse de celle du Rayon. Il est une place réservée à cette règle dans l'intérieur de l'étui, où elle se met, lorsque l'on ne s'en sert pas.

du monde ou de l'Equateur, et le point 90°. sur l'Equateur, le point 0°. indiquera sur le fond un point de la circonférence du méridien requis ; changez de position, en observant toujours de placer 90°. sur l'Equateur et 23°. sur l'axe du monde, le point 0°. du rayon indiquera tous ceux du méridien à décrire.

PREMIÈRE REMARQUE.

Si on voulait tracer le 23e. cercle de longitude céleste, il faudrait placer le point 90°. du rayon sur l'Ecliptique, et le 23e. dégré sur l'axe de l'E-*cliptique* ou du Zodiaque. Le reste de même que pour le méridien.

DEUXIÈME REMARQUE.

Si c'était un azimuth, il faudrait d'abord prolonger l'axe de l'horizon, ensuite placer le point 90°. sur l'horizon, le 23e. dégré sur l'axe dudit horizon, et opérer comme nous avons dit pour le méridien.

TROISIÈME REMARQUE.

Avec ce moyen on peut ne tracer qu'un seul point de la circonférence, soit d'un méridien, soit d'une longitude céleste, soit d'un azimuth.

QUATRIÈME REMARQUE.

On peut encore savoir quel est le nombre de dégrés et de minutes d'un méridien, d'une longitude céleste, ou d'un azimuth, connaissant seulement un point de leur circonférence. Il suffit de placer le point o°. du rayon sur le point donné, le point 90°. sur l'Equateur, l'Ecliptique ou l'horizon, et d'observer le dégré qui se trouve à la commune section de l'axe du monde, de l'axe de l'Ecliptique ou de l'axe de l'horizon et du rayon.

CINQUIÈME REMARQUE.

Il est bon de tracer tous ces grands cercles, ainsi que l'axe de l'horizon, avec un crayon à la mine de plomb un peu tendre, comme le n°. 1 ou 2. Il est facile de les effacer, après l'opération, avec un linge un peu humide, sans crainte de gâter l'instrument.

SIXIÈME REMARQUE.

Enfin, il est bon de remarquer que pour tracer les grands cercles qui se trouvent dans l'hémisphère oriental (position de la sphère parallèle) et ceux compris entre le 1°. du ♈ et le 1°. de ♎, il faut se servir de la division du rayon à droite, pour l'hémisphère supérieur, le 90°. placé vers le nadir et o°. vers le zénith, et *vice versâ* pour les autres hémisphères.

FIN.

AVERTISSEMENT.

Forcés de céder au désir du Public, nous publions cet ouvrage sans le Catalogue des Etoiles fixes et la Table des Positions géographiques des principaux lieux de la terre, que nous donnerons incessamment. Nous renvoyons le lecteur, en attendant, à ceux qui se trouvent dans la *Connaissance des temps* que fait imprimer annuellement le Bureau des longitudes, et qui se vend chez Mme. V^e. COURCIER, Imprimeur-Libraire, rue du Jardinet-Saint-André-des-Arcs, n°. 12.

TABLE.

FIN DE LA TABLE.

9 782329 016504